FAUT-IL

OU

NE FAUT-IL PAS

FORTIFIER LES CAPITALES

ET EN PARTICULIER

PARIS?

DE L'IMPRIMERIE DE PILLET AÎNÉ,
rue des Grands-Augustins, n. 7.

FAUT-IL

OU

NE FAUT-IL PAS

FORTIFIER LES CAPITALES

ET EN PARTICULIER

PARIS?

PAR LE Mis DE CHAMBRAY,

Maréchal-de-camp d'artillerie, Membre correspondant de l'Académie royale des Sciences et Belles-Lettres de Prusse.

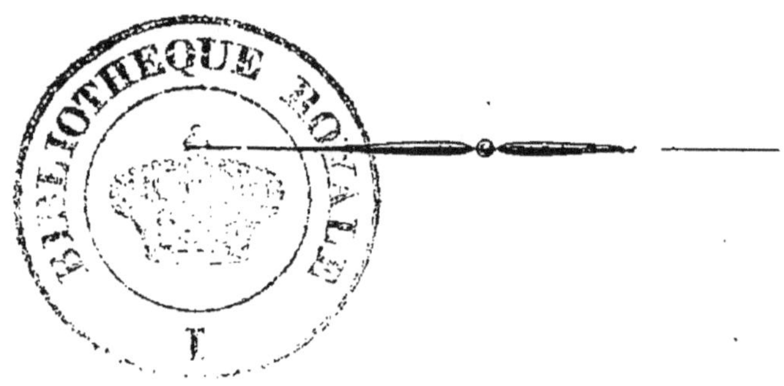

A PARIS,

CHEZ PILLET AINÉ, IMPRIMEUR-LIBRAIRE,

RUE DES GRANDS-AUGUSTINS, N° 7;

ANSELIN, LIBRAIRE, RUE DAUPHINE, N° 9;

DENTU ET DELAUNAY, AU PALAIS-ROYAL.

—

FÉVRIER 1835.

FAUT-IL

ou

NE PAUT-IL PAS

FORTIFIER LES CAPITALES

ET EN PARTICULIER

PARIS?

Je ne m'occuperai que des capitales des grands états qui ont une existence indépendante ; la question, en ce qui concerne les capitales des petits états, serait sans importance et par conséquent sans intérêt. Je n'entends d'ailleurs parler que des fortifications régulières et de tous les établissemens nécessaires pour qu'une capitale puisse soutenir un siége ; car s'il ne s'agit que de l'enceindre d'une simple muraille, fût-elle même crénelée, cela ne peut être qu'utile à toutes les villes ; elles se trouvent ainsi à l'abri de l'insulte de troupes légères et même d'une attaque avec des moyens de campagne si elles ont une garnison suffisante.

Toutes les capitales des grands états de l'Europe sont tombées successivement au pouvoir d'armées ennemies pendant les guerres de nos jours, à l'exception de Londres, de Pétersbourg, de Stockholm et de Constantinople; mais les trois premières de ces capitales sont, en quelque sorte, inaccessibles aux armées, et la politique seule a empêché les Russes et les Egyptiens de s'emparer de la dernière; les premiers en 1829, les seconds en 1833. Il importe donc d'examiner quel rôle joueront à l'avenir les capitales et si l'on doit les fortifier; cette question est plus simple qu'elle ne le paraît au premier aperçu.

Trois opinions différentes ont été émises par les auteurs militaires qui ont écrit sur cette question : les uns veulent que l'on fortifie toutes les capitales, d'autres qu'on n'en fortifie aucune, d'autres enfin pensent qu'elles peuvent se trouver dans des situations trop différentes pour que l'une ou l'autre de ces deux propositions puisse être vraie.

Ceux qui prétendent qu'il faut fortifier toutes les capitales, et l'on compte parmi eux des ingénieurs d'un mérite reconnu, s'appuient sur cette maxime: *qu'il faut fortifier et défendre ce qu'on a le plus d'intérêt à conserver;* il en est même qui ajoutent que l'on ne fera plus dorénavant que des *guerres d'invasion*, que le but de ces guerres est l'occupation des capitales, qu'en s'en emparant, on décide du sort de la guerre, qu'ainsi il est indispensable de les fortifier.

Il faut sans doute défendre les capitales, mais les fortifier, cela mérite un grave examen. Ce qu'une nation a le plus d'intérêt à défendre, c'est sa nationalité; elle doit s'imposer toutes les privations et faire tous les sacrifices imaginables pour éviter de tomber sous le joug de l'étranger; c'est donc dans l'intérêt du pays envisagé dans son ensemble que l'on doit décider s'il faut ou s'il ne faut pas fortifier sa capitale.

Le but militaire que se proposent les commandans d'armée qui prennent l'offensive dans les guerres continentales entre les grandes puissances de l'Europe, est d'envahir le territoire de la puissance à laquelle on fait la guerre pour la contraindre de subir la loi de celle dont ils commandent l'armée.

Sous Louis XIV, les Français envahirent la Franche-Comté et la Hollande; les Prussiens, sous Frédéric II, envahirent la Silésie; les Allemands et les Français ont plusieurs fois envahi l'Italie, etc., etc., etc. De nos jours un nouveau système de guerre, conséquence des changemens survenus dans l'art de la guerre, a rendu les invasions plus fréquentes, plus rapides, plus fertiles en grands résultats.

Il est incontestable que les commandans d'armée ont et ont toujours eu un grand intérêt à s'emparer de la capitale du pays dont ils tentaient l'envahissement, et que cet événement est devenu plus fréquent depuis l'adoption du nouveau système de guerre; mais les avantages que l'on retire de cette occupation varient selon la situation des capitales, et surtout selon leur importance, considérée moins encore en ayant égard à leurs richesses qu'au rôle qu'elles jouent dans les affaires politiques et administratives du pays.

La prise de Vienne, en 1805, ne termina pas la guerre; ce fut le revers d'Austerlitz qui contraignit l'empereur autrichien à demander la paix.

En 1809, l'occupation de Vienne ne décida pas du sort de la campagne; il fut décidé plus tard dans les champs de Wagram, sous les yeux même de la capitale.

La perte de Berlin, en 1806, fut moins funeste à la Prusse que celle de Magdebourg, où se trouvait réuni un immense matériel de guerre. Ce qui mit cette puissance dans la situation la plus critique, ce furent les revers d'Iéna et d'Auerstedt, qui avaient presque entièrement anéanti son armée; et pourtant le roi de Prusse ne se décida à demander la paix que lorsque tout son territoire eût été envahi. Le grand Frédéric perdit aussi sa capitale pendant la guerre de sept ans; mais ses armées tenaient tête à ses ennemis : cette perte momentanée n'eut aucune conséquence sérieuse.

Madrid fut occupé plusieurs fois par les Français, pendant la guerre de la Péninsule, sans que sa possession leur fût d'un grand secours pour établir leur domination en Espagne.

En 1812, la perte de Moscou, capitale par son importance et par ses souvenirs, ne contraignit point Alexandre à demander la paix ; au contraire, cet événement, en excitant le patriotisme de ses sujets, lui procura de nouvelles ressources. Napoléon ne marcha point sur Saint-Pétersbourg, première capitale et siége du gouvernement, et fit bien.

Je sais que l'on peut citer Paris, dont la possession a deux fois, en quinze mois, décidé du sort de la guerre ; mais la France, agitée par des partis à la suite d'une longue révolution, se trouvait dans des circonstances toutes particulières, et sa capitale, comparée à celles dont je viens de parler, est dans un véritable cas d'exception. Nous verrons plus loin si ces circonstances, particulières à la capitale de la France, sont une raison pour la fortifier.

Les auteurs qui ont émis l'opinion qu'on ne doit fortifier aucune capitale, en donnent les raisons suivantes : Elles ont, disent-ils, trop d'étendue ; elles sont trop riches et trop peuplées, ainsi que les lieux qui les environnent ; ainsi il faut faire des dépenses excessives pour les fortifier, les munir de matériel et de munitions de guerre, et pour en entretenir les fortifications ; que si elles sont menacées d'un siége elles exigent un énorme approvisionnement de vivres, puisqu'il ne faut pas seulement alimenter leur garnison, mais encore leur nombreuse population, qui s'accroît, en de telles conjonctures, d'une partie de celles des environs, population dont tous les vœux sont pour la reddition de la place.

Ils ajoutent que les plus grandes places fortes de l'Europe n'ont pas trois lieues de circuit, et qu'aucune d'elles n'exige plus de quinze mille hommes de garnison, ce qui ferait présumer que dans l'état actuel de l'art de la guerre on trouverait désavantageux d'en avoir de plus grandes; qu'effectivement il suffit, pour bloquer ces grandes places, d'un corps de troupes qui, dans certains cas, peut être moins nombreux que leur garnison, pourvu qu'il ait une supériorité marquée en cavalerie et en artillerie de campagne; qu'on peut les attaquer par un seul front, comme si elles étaient plus petites, et que l'expérience prouve qu'elles ne tiennent guère plus que celles de moyenne grandeur; qu'enfin une enceinte d'une très-grande étendue présente presque tous les inconvéniens des lignes dont l'emploi, après avoir été blâmé par beaucoup de militaires de réputation, est enfin entièrement abandonné.

L'induction tirée des faits serait en faveur de cette opinion, car aucune des capitales des grandes puissances de l'Europe n'est fortifiée; Vienne l'était (a); le gouvernement autrichien en a fait démanteler les fortifications.

Toutes les raisons données à l'appui de cette seconde opinion me paraissent justes, généralement

---

(a) Il n'y avait de fortifié que la ville proprement dite : des faubourgs, plus peuplés que la ville, entouraient les fortifications à une distance de 250 toises.

parlant, mais il peut se présenter des exceptions, car, ainsi que le dit très bien Napoléon (a), *rien ne peut être absolu à la guerre*; elles prouvent donc seulement qu'il est très-rare qu'un grand état doive faire fortifier sa capitale.

L'importance des capitales tient à quatre causes différentes: à leur population, à leurs richesses, à l'influence morale plus ou moins grande qu'exerce leur possession sur l'esprit des peuples, mais surtout à ce qu'elles sont ordinairement le siége des gouvernemens.

Lorsqu'une capitale est le siége du gouvernement, ce n'est pas un motif pour la fortifier, puisque ce gouvernement doit s'éloigner si l'ennemi s'approche du lieu de sa résidence; car on ne prétend sans doute pas qu'il doive s'y laisser bloquer: ce ne serait donc qu'à cause de l'influence morale qu'exerce sur l'esprit des peuples la possession des capitales que l'on aurait intérêt à les fortifier, puisque leur grande étendue, leur richesse et celle des lieux de leur voisinage sont des circonstances nuisibles, et que l'état éprouve de grandes pertes si elles essuient les calamités d'un siége. Si l'on considère d'ailleurs les dépenses considérables qu'il faut faire pour les fortifier, pour les munir de matériel et de munitions de guerre, et pour entretenir ces fortifications et ce matériel; celles qu'exigerait l'approvisionnement en vivres et autres objets d'une très-forte garnison et d'une nombreuse po-

____

(a) *Memoires de Napoléon*, tome 5, page 93.

pulation, on en conclura qu'en général l'état ob-
tiendra de beaucoup plus grands avantages en em-
ployant les sommes énormes nécessaires pour en
faire des places de guerre à fortifier d'autres points
ou à augmenter la quantité de ses troupes.

Il peut toutefois se présenter des exceptions. Ainsi,
il pourrait être avantageux de fortifier une capitale
qui serait située sur un point très-important, sous
le rapport militaire, si d'ailleurs elle n'avait pas
trop de population, de richesse et d'étendue; il
pourrait être également avantageux de fortifier
une capitale qui serait un port de mer, puisqu'ainsi
on la mettrait à l'abri d'attaques inopinées de
troupes de débarquement, et que si l'on était
maître de la mer, le gouvernement pourrait y res-
ter, quoiqu'elle fût bloquée. Telle était par exemple
Cadix, qui fut le siége du gouvernement espagnol
pendant une partie du tems que dura la guerre de
la Péninsule. Cette ville étant d'ailleurs située dans
une presqu'île, il en coûtait moins pour la fortifier
que si elle eût été dans tout autre position. Pour
décider dans ces circonstances particulières si l'on
doit fortifier une capitale il faut balancer les avantages et les inconvéniens.

Si l'on applique les principes que je viens de poser
à la ville de Paris, on trouve que cette capitale de la
France réunit au plus haut point toutes les circonstances qui décident les gouvernemens à ne pas

fortifier leurs capitales. A quoi l'on peut ajouter qu'il n'est pas de ville en France qui ait plus à redouter d'un bombardement, ou du tir de fusées incendiaires (a), parce que, avec ses maisons si élevées, ayant pour la plupart du foin, de la paille, ou du bois dans leurs greniers, et des meubles depuis la cave jusqu'au grenier, on peut en quelque sorte la la comparer à un paquet d'allumettes. Cependant, le gouvernement a proposé de faire de Paris une place de guerre, fondé sur ce que cette ville, par sa proximité de la frontière, se trouverait fort exposée si les armées françaises éprouvaient de grands revers, et sur ce que sa possession assurant la domination sur la France, il n'existe que ce seul moyen de prévenir les désastres qui pourraient résulter d'un tel état de choses.

Je conviens que Paris, indépendamment de l'importance et de l'influence que lui donnent naturellement sa grande population et ses richesses, doit plus d'importance et plus d'influence encore à ce que

---

(a) Vauban, dans le Mémoire tant de fois cité, dit « que l'usage des bombes s'est rendu si familier et si terrible dans ces derniers tems, que l'on peut le considérer comme un moyen très-sûr pour la réduire (la ville de Paris) à tout ce que l'ennemi voudra avec une armée assez médiocre, toutes les fois qu'il ne sera question que de se mettre à portée de la bombarder. » Et il ajoute dans une note : « Il n'y a point de ville en Europe, ni peut-être dans le monde, où l'effet des bombes soit plus à craindre qu'à Paris, toutes les fois que l'ennemi se pourra mettre à portée d'y en jeter. » Le tir des bombes a fait encore de nouveaux progrès depuis Vauban, et l'on se sert en outre de fusées incendiaires qui portent à près de deux mille toises, et qu'on peut lancer avec un trépied, ou même en les appuyant sur le sol.

presque toutes les affaires de gouvernement et d'ad-
ministrations grandes et petites s'y trouvent concentrées à tel point que cette concentration est quelquefois
poussée jusqu'à l'absurde; que la possession de cette
capitale est devenue, en quelque sorte, un indice
auquel la nation reconnaît ses gouvernans; que si
une faction, ou un parti s'empare des rênes du gouvernement et de la capitale et dispose par conséquent
du télégraphe, du trésor et de l'armée, il gouverne
aussitôt les Français, quels que soient d'ailleurs leurs
sentimens pour le nouveau pouvoir, jusqu'à ce qu'il
survienne une nouvelle révolution; qu'il en résulte
que Paris exerce sur les affaires de la France une
influence plus grande que celle qu'exerceraient dans
les mêmes conjonctures les capitales des autres états
de l'Europe; qu'ainsi le gouvernement a le plus
grand intérêt à ne pas être contraint d'aller siéger
ailleurs.

Je conviens également que, par suite de cet état
de choses, le parti ou la faction qui gouverne-
rait serait renversé aussitôt que Paris tomberait au
pouvoir de l'ennemi, s'il ne jouissait ni du respect,
ni de l'attachement de la nation; mais je soutiens
que, dans le cas contraire, quelque funeste qu'il fût
de perdre la capitale, il n'en serait pas ainsi et que
rien ne serait désespéré tant que les armées françaises tiendraient la campagne, si le gouvernement
montrait de l'énergie et que la nation ne lui man-
quât pas.

Je pense avoir bien fait ressortir la grande importance et l'influence excessive qu'exerce Paris sur les affaires de la France et les funestes résultats qui peuvent en être la conséquence. Apporterait-on un remède à ces graves inconvéniens en fortifiant cette capitale? Je ne le pense pas. Mais avant que d'appuyer mon opinion sur des raisonnemens, examinons ce que Vauban et Napoléon, ces deux grandes autorités, ont écrit sur cette matière, car on ne manque pas de les citer pour justifier une telle résolution.

Vauban à écrit un mémoire de quelques pages intitulé *de l'importance dont Paris est à la France et du soin que l'on doit prendre de sa conservation.* Dans ce mémoire il propose de fortifier cette capitale, et entre dans quelques détails sur l'exécution de ce projet; il n'osa d'ailleurs, nous dit-il, *proposer cette pensée à cause de sa nouveauté.*

Je donnerai succinctement les bases de ce projet; mais il ne faut pas perdre de vue que Paris n'était pas alors en étendue, en population et surtout en richesses, la moitié de ce qu'il est aujourd'hui, et que ses environs étaient également moins peuplés et moins riches.

Vauban veut qu'on entoure Paris de deux enceintes fortifiées, l'une très-rapprochée de la ville, l'autre à la distance de mille à douze cents toises de la première. Pour la première enceinte, il propose d'utiliser ce qui reste de la vieille enceinte, et, pour la seconde, de la composer de fronts bastionnés construits d'après son système le plus complet, c'est-à-dire avec demi-lunes et contre-gardes devant les tours bastionnées, le tout revêtu de maçonnerie. « Cette seconde enceinte doit occuper toutes les hauteurs convenables, ou qui peuvent avoir commandement sur la ville comme celle de Belleville, de Montmartre, Chaillot, faubourg Saint-Jacques, Saint-Victor, et toutes les autres qui pourraient lui convenir.... » Et parce qu'une ville de la grandeur de Paris, fortifiée de cette façon, pourrait devenir formidable « même à son maître, s'il n'y était pourvu, » il veut que l'on fasse, dans la deuxième enceinte, deux citadelles, afin de n'avoir pas *à craindre que Paris se portât jamais à rien qui pût blesser son devoir.* « Comme, ajoute-t-il, ce ne serait pas suffisamment pourvoir à la sûreté de cette grande ville que d'y faire beaucoup de fortifications, sans la garnir en même tems de munitions de guerre et de bouches nécessaires, il y faudrait bâtir des magasins à poudre capables d'en contenir au moins dix-huit cents milliers ou deux millions, des arsenaux pour toutes les autres munitions de guerre nécessaires, et des caves et magasins à blé en suffisante quantité, ces derniers pour pouvoir contenir deux millions et plus de setiers de blé, des légumes et des avoines à proportion.

» Outre les 2 millions 100 mille setiers de blé dont il est bon d'être assuré, on pourrait faire publier par une ordonnance que quiconque voudrait se réfugier à Paris eût à y apporter une certaine quantité de grains et d'avoine, et toutes les autres victuailles qui pourraient tomber sous la main ; y faire amas de tous les bœufs, moutons, chairs fraîches ou salées, volailles, fromages, légumes de toutes sortes, etc., etc., etc., qui se pourront trouver.

» Faire garnir les ports de tous les bois de moule que l'on y pourrait faire descendre, ce qui serait fort aisé, et y amasser beaucoup d'avoine et de foin pour la cavalerie, paille hachée et non hachée : plus, quantité de vin, d'eau-de-vie, d'orge et houblon pour faire la bierre ; du sel en quantité suffisante pour l'usage ordinaire et pour les salaisons, et généralement pour tout ce que l'on pourrait avoir besoin et imaginer capable de faire subsister cette grande multitude un an durant ; et surtout avertir de bonne heure les chefs de famille et gens aisés de se fournir de moulins à bras, de fours, de blés et de gouverner sagement leurs provisions pendant un siége, ne les consommant que très-à-propos.

» Cela une fois établi, dit-il, et la place munie de dix-huit cent à deux millions de poudre, quatre cents pièces de canon, de 60 à 80 mille mousquets et fusils dans les magasins, et d'autres armes à proportion, outre celles que les particuliers auraient chez eux : si dans un tems que toute la terre serait liguée contre vous, il arrivait que la frontière fût forcée, et la ville en péril d'être assiégée, quelque malheur qui pût arriver à nos armées et au surplus du royaume, il est probable qu'elle ne serait jamais tellement défaite que le roi ne fût toujours en état de retirer vingt-cinq à trente mille hommes dans l'entre-deux des enceintes, auxquels Paris en pourrait joindre huit à dix mille d'assez bonne levée dans l'enclos de ses murailles, sans toucher à la garde ordinaire des bourgeois qui ne laisserait pas d'aller son train. » C'est-à-dire de faire un service ayant pour objet le maintien de l'ordre dans l'intérieur de la ville tel que celui que fait actuellement la garde nationale.

Vauban prétend qu'en exécutant ces travaux et en prenant ces dispositions on rendrait Paris imprenable par les raisons suivantes : « Qu'il ne serait pas possible de l'approcher d'assez près pour pouvoir tirer des bombes jusque dans l'enclos de la ville, qu'il ne serait pas possible à une armée de 200,000 hommes de la prendre par un siége forcé (et il donne des développemens à cet égard); qu'il ne serait pas possible non plus de la prendre par famine, parce que si la ville était pourvue, comme il vient de le dire, elle aurait des vivres pour un an et plus, moyennant quoi il n'y aurait pas d'armée qui pût subsister si long-temps devant Paris. »

Il conclut « que ce siége se trouverait réduit à une » lenteur qui ayant bientôt épuisé leurs armées » d'hommes et de munitions, les contraindrait à lever » honteusement le siége.

On remarquera que Vauban n'évalue qu'à 200,000 hommes les troupes qui pourraient se présenter devant Paris, après *avoir forcé les frontières, battu et dispersé les armées françaises*, *et enfin pénétré le dedans du royaume*, parce qu'effectivement, on ne pouvait guère supposer alors que les ennemis de la France pussent réunir une force plus considérable pour pénétrer jusqu'à cette capitale ; on remarquera également que cette force est celle de la totalité de l'armée ennemie, parce que, selon le système de guerre du tems, l'armée entière s'arrêtait à faire un siége jusqu'à ce que la place fût prise avant que de se porter de nouveau en avant. Ainsi donc, si Vauban parvenait à rendre Paris imprenable, il arrêtait une armée qui aurait pénétré en France puisqu'elle n'aurait pas poussé plus loin que Paris avant que de s'en être emparé.

Je n'examinerai pas si l'exécution de ce projet aurait alors rendu Paris imprenable, mais je me permettrai de faire observer que chaque profession est animée d'un esprit particulier et a des préjugés dont il est bien rare que même les homme les plus remarquables puissent se dépouiller entièrement, préjugés qui exercent souvent d'ailleurs une très-heureuse influence. L'opinion d'un célèbre général d'armée contemporain de Vauban, de Turenne par exemple, me paraîtrait donc avoir beaucoup plus de poids sur de telles matières.

Quoi qu'il en soit, en supposant qu'il eût été avantageux alors de fortifier Paris, on n'en saurait conclure qu'il le serait encore aujourd'hui ; car tout est changé : le gouvernement est différent de ce qu'il était alors, ses relations avec la nation française sont différentes aussi, et celles qu'il entretient avec les puissances de l'Europe diffèrent beaucoup plus encore; Paris a plus d'étendue, plus de population, plus de richesse qu'il n'en avait alors; l'art de la guerre enfin a éprouvé de grands changemens, et les considérations politiques et stratégiques qui dominent cette question ont acquis encore plus d'importance. Tout porte donc à croire que Vauban, par ces divers motifs, penserait différemment aujourd'hui.

L'opinion de Napoléon serait d'un tout autre poids que celle de Vauban, puisque la situation de Paris n'a éprouvé que peu de changemens depuis sa mort, et que le système de guerre n'en a éprouvé aucun; mais la situation politique de ce monarque, considérée dans ses rapports personnels et dans ceux de son gouvernement avec la nation française, et avec les souverains et les gouvernemens des divers états de l'Europe était très-différente de celle du souverain et du gouvernement actuel de la France. J'attacherais d'ailleurs sur ces matières plus d'importance, à mérite égal, par les raisons précédemment données, à l'opinion d'un général d'armée qu'à celle d'un ingénieur.

Napoléon a dit dans ses mémoires, «que si en 1814 Paris eût pu tenir huit jours, les destinées du monde eussent été changées.» Et on lui attribue la note suivante trouvée dans les papiers qu'il avait laissés aux Tuileries «Je placerai Paris dans un triangle de feu. Le premier point du triangle sera Montmartre, le second le palais du roi de Rome, le troisième Vincennes, position mauvaise, militairement parlant, mais qui est bonne pour couper les vivres ; tout cela est nécessaire, car un souverain de France n'a qu'une chose à craindre, c'est une guerre de pots de chambre.»

La note étant relative aux précautions à prendre pour empêcher, comme dit Vauban, *que Paris se portât jamais à rien qui pût blesser son devoir*, je ne m'en occuperai point. Quant au passage tiré des mémoires, il n'a pas un rapport direct avec la question qui se débat, puisqu'on veut faire de Paris une place forte, et que Napoléon désire seulement que cette ville soit mise à l'abri d'un coup de main ; je pense d'ailleurs que si les opinions émises par ce grand capitaine dans ses Mémoires ont tant de poids quand elles sont relatives à des matières où son amour-propre ne se trouve point intéressé, il n'en est pas ainsi dans le cas contraire, parce que ces mémoires contiennent alors bon nombre d'erreurs dont plusieurs ont déjà été réfutées.

Si d'ailleurs on examine attentivement la situation des armées respectives pendant la campagne de 1814, on n'est pas moins étonné du talent que déploya Napoléon dans la conduite de ses opérations, que de l'ineptie avec laquelle furent dirigées celles de ses adversaires ; c'est une suite naturelle de ce que leurs armées n'entreprenaient rien d'important sans que la résolution en eût été prise dans un conseil où siégeaient trois souverains qui n'avaient jamais commandé d'armées. Toutefois je ne pense pas que le résultat eût été différent, quand même Paris aurait été à l'abri d'un coup de main; il eût seulement peut-être été retardé de quelques jours.

Après la bataille de Leipsick, les chefs des armées ennemies bornèrent volontairement leur fortune en s'arrêtant sur les bords du Rhin; s'ils avaient franchi ce fleuve et marché sur Paris, ils y seraient arrivés dans le tems nécessaire pour y conduire leurs armées. Lorsque, après deux mois d'inaction, ils se furent décidés à franchir le Rhin (1er janvier 1814), ils bloquèrent quelques places, se contentèrent de masquer les autres, et, se dirigeant sur Paris, pénétrèrent jusqu'en Champagne, où Napoléon vint à leur rencontre avec l'armée qu'il avait eu tant de peine créer; ils le vainquirent dans les champs de la Rothière (1er février 1814), et s'ils avaient profité de ce succès, ils pouvaient pousser jusqu'à Paris, s'en emparer, et terminer la guerre.

Leurs forces, qui étaient composées de troupes aguerries, furent toujours tellement supérieures à celles de Napoléon pendant cette campagne, malgré l'absurde détachement qu'ils avaient fait sur Lyon, que s'ils les eussent concentrées pour marcher résolument à sa rencontre, bien décidés à le contraindre à recevoir une bataille qu'il ne pouvait gagner, ou d'abandonner sa capitale s'il voulait éviter de combattre, ils terminaient la guerre. Pour exprimer ma pensée en d'autres termes si un autre Napoléon eût commandé leurs armées, il eût toujours pu terminer la guerre en peu de jours. La campagne de 1814 est un cas d'exception.

Ainsi, en définitive, les opinions de Vauban et de Napoléon n'ont qu'un rapport indirect avec la question qui s'agite aujourd'hui, et sont relatives à un ordre de choses différent de l'ordre actuel; mais lors même qu'il en serait autrement, l'autorité qui s'attache à leur nom serait un nouveau motif de combattre leurs opinions pour ceux qui ne les partagent point.

On cite la campagne de 1814, quoiqu'elle soit un cas d'exception; les exemples à citer doivent être tirés des campagnes de 1805, entre la France et l'Autriche; de 1807, entre la France et la Prusse; de 1809, entre la France et l'Autriche; de 1809, entre la France et l'Espagne; de 1815, entre la France et la coalition. Je ne cite point la campagne de 1812, entre la France et la Russie, qui fût extraordinaire de tout point.

Dans toutes ces campagnes, les généraux, vainqueurs dès le début dans de grandes batailles, envahirent le territoire ennemi, et, au bout de quelques semaines, parurent devant les capitales dont ils s'emparèrent. Ce sont ces mémorables campagnes qui ont fixé le système de guerre, né des guerres de la révolution française, développé par Napoléon, appliqué pour la première fois en 1815 par les généraux étrangers.

Ce sont des campagnes analogues qui pourraient conduire les armées ennemies devant la capitale de la France, parce que c'est ainsi, selon toutes les probabilités, que la guerre se fera dorénavant; voilà ce qui autorise à affirmer qu'actuellement entre une bataille gagnée et une bataille perdue, il y a des empires; voilà ce qui ajoute une nouvelle importance à cette maxime que Napoléon a posée dans ses Mémoires (a) : *Quand vous voulez livrer bataille, rassemblez toutes vos forces, n'en négligez aucune, un bataillon quelquefois décide une journée.* voilà pourquoi enfin les monarques, à l'exception de celui de Russie, dont l'empire est défendu par son immensité, redoutent tant la guerre; ce n'est plus seulement, comme autrefois, un jeu sanglant dont les peuples font les frais, et où les monarques n'engagent que leur amour-propre; ils y exposent leurs couronnes.

Avant que de songer à fortifier Paris, il faudrait au moins prouver qu'il sera toujours possible d'approvisionner la garnison et la population d'une telle ville, pour le tems nécessaire, lorsque les circonstances l'exigeront. Cependant, on n'en parle pas plus que si cette opération ne devait souffrir aucune difficulté; elle me paraît pourtant en présenter de grandes, moins encore sous le rapport de la dépense que sous celui de l'exécution, que je la tiens pour impossible jusqu'à ce qu'on m'ait prouvé le contraire.

(a) *Mémoires de Napoléon*, tome V, page 272.

On peut se former une idée de ce que serait un tel approvisionnement, en considérant la quantité de voitures et de bêtes de toutes espèces qui entrent toutes les vingt-quatre heures dans Paris, particulièrement la nuit, pour la consommation journalière de cette capitale.

Je me vois contraint à regret de mêler la politique à cette discussion; mais le sujet l'exige impérieusement : les débats de la tribune et de la presse l'ont suffisamment prouvé.

L'Europe est de fait un grand état fédératif, composé d'états qui sont presque tous des monarchies héréditaires, dont le principe politique fondamental est la légitimité, et dont les peuples, à l'exception du peuple turc, suivent la morale de l'Evangile. Ce grand état fédératif n'a point de législation écrite, mais il est régi, jusqu'à un certain point, par des conventions tacites, auxquelles on donne le nom de *droit des gens*.

Si une révolution éclate dans l'un des états de la confédération européenne, et qu'elle ait eu pour prétexte ou pour conséquence l'adoption d'un principe politique fondamental hostile à celui des autres états par la contagion de l'exemple, ou par les intelligences que ceux qui ont coopéré à cette révolution pratiqueraient dans les autres états; ils interviennent ordinairement par les armes pour changer modifier ou renverser le nouvel ordre de choses, basé sur ce principe.

Si l'état qui a éprouvé une révolution est petit,

un grand état limitrophe intervient ordinairement seul; s'il est au contraire un des grands états de la confédération européenne, plusieurs autres états interviennent. Que si, par des raisons quelconques, ils n'interviennent pas par les armes, ils exercent pourtant une intervention sourde par leurs agens, de manière à obtenir le même résultat sans combattre; s'ils n'y parviennent point, il faut qu'ils en viennent tôt ou tard aux armes, puisque l'existence simultanée du principe fondamental du nouvel état et de celui des leurs est incompatible.

L'Angleterre, depuis la restauration française, forme en quelque sorte une exception; l'aristocratie, qui la gouverne, paraît avoir été convaincue qu'étant maîtresse de la mer, et disposant d'une armée dont les institutions sont en harmonie avec la constitution politique qui fixe les rênes du gouvernement entre ses mains, elle pourrait donner au monde l'exemple d'une conduite qu'on peut assimiler, sous le rapport politique, à celle des roués sous le rapport moral. Elle apprendra trop tard, peut-être, que si elle avait un grand intérêt à s'opposer, par la supériorité de sa marine, à ce que des armées pussent traverser la Manche, elle n'avait peut-être pas un moindre intérêt à s'opposer à la propagation d'idées et de principes qui sont hostiles à ceux sur lesquels reposent et son ordre social et ses institutions politiques.

En France, après la révolution de 1830, le pouvoir qui saisit les rênes du gouvernement proclama, n'importe pour quel motif, la *souveraineté du peuple* comme son principe politique fondamental; mais la souveraineté du peuple ne peut être le principe politique fondamental d'aucun ordre de choses stable et régulier; ce principe ne peut constituer que l'anarchie, c'est-à-dire un ordre de choses transitoire. Le nouveau gouvernement, afin de se consolider, ne suivit donc pas une marche dérivant du principe qu'il avait proclamé, au contraire, il se mit sur plusieurs points en opposition avec les hommes qui voulaient en tirer les conséquences, et dès lors cessa d'être aussi hostile aux gouvernemens qui composent la confédération européenne.

Ces réflexions sommaires sur la situation politique de l'Europe suffisent à l'intelligence de ce qui va suivre.

Des armées ennemies ne peuvent pénétrer jusqu'à Paris que dans le cas où la France lutterait contre une coalition disposant de forces beaucoup plus considérables que celles dont parle Vauban, et que si les armées françaises avaient été battues et en partie détruites ou dispersées.

Si le gouvernement français était légitime, il serait hors de toutes les probabilités que la coalition voulût le renverser; la guerre continuerait donc, quoique ce gouvernement eût été contraint d'évacuer Paris, s'il avait des chances d'expulser l'ennemi de son territoire; dans le cas contraire, il se verrait contraint de traiter de la paix. L'avantage ou le désavantage d'avoir une capitale fortifiée ou non serait alors une question purement militaire dont je m'occuperai plus loin.

Si au contraire le gouvernement devait son origine à une révolution et avait pour principe politique fondamental un principe hostile à celui des autres gouvernemens de l'Europe, il pourrait se trouver dans des situations très-différentes que j'indiquerai succinctement.

Ou il jouirait du respect, de l'affection et de la confiance de la nation française; ou la nation française lui serait antipathique, et il ne devrait la conservation de son pouvoir qu'à la possession de Paris, à l'entretien d'une très-forte armée permanente, à la perception d'impôts énormes, à la possibilité de grever l'avenir par des emprunts, et à l'emploi de moyens de police. Voilà les deux cas extrêmes entre lesquels on conçoit beaucoup d'*états de choses* intermédiaires; ainsi, une partie des Français peut être dévouée au gouvernement ou résignée à lui obéir; une autre partie, au contraire, peut lui être hostile; la même division peut se remarquer aussi dans l'opinion des provinces. Enfin, une indifférence complète sur la nature du gouvernement et sur ceux qui en tiennent les rênes peut être plus ou moins répandue; c'est ce qui se remarque actuellement en France, où le nombre des hommes égoïstes et entièrement renfermés dans leur intérêt personnel, s'accroît journellement. Comment pourrait-il en être autrement dans un pays qui a tant de fois changé de gouvernement depuis qu'il est en révolution, et qui a été si souvent, pendant ce tems, en proie aux intrigans et aux coteries? Leur ardeur, pour avoir part à la curée, est d'autant plus grande, que, depuis la chute de Napoléon, ils ne courent généralement d'autres chances fâcheuses que de ne point réussir.

Quoi qu'il en soit, il suffira de faire voir, pour justifier l'opinion que j'ai émise, qu'il n'est avantageux de fortifier Paris dans aucun des deux cas extrêmes dont je viens de parler.

Dans le premier cas, c'est-à-dire si la nation était attachée au gouvernement révolutionnaire et dévouée aux gouvernans, la nécessité d'évacuer Paris, après avoir essuyé de grands revers, serait pourtant plus funeste à ce gouvernement, si la coalition avait l'intention de le renverser, qu'elle ne le serait à un gouvernement légitime. Néanmoins, si le dévoûment de la nation n'était pas inerte, c'est encore alors sous le point de vue militaire qu'il faudrait envisager la question. Je m'en occuperai plus loin, ainsi que je l'ai dit.

Dans le second cas, c'est-à-dire si la nation est antipathique au gouvernement, si seulement il y a division dans ses sentimens à son égard, ou même s'il règne parmi une grande partie du peuple une indifférence complète sur ce gouvernement, on convient que Paris pris, un tel gouvernement serait renversé; mais en serait-il autrement, je le demande, si cette ville était fortifiée, lors même qu'on serait parvenu à l'approvisionner pour quelques semaines? Est-ce que

la nécessité de quitter Paris pour n'y être pas bloqué
ne serait pas aussi fatale à ce gouvernement, soit que
cette ville tombât immédiatement au pouvoir des
armées ennemies, soit qu'il fût nécessaire de la bloquer quelques jours pour obtenir ce résultat. Aurait-il
alors plus de facilité à percevoir les impôts, à émettre
des emprunts, à lever des recrues dans un cas que
dans l'autre? L'histoire ne prouve-t-elle pas que, s'il
existait en France plusieurs partis, celui ou ceux qui
auraient été comprimés relèveraient leur bannière
aussitôt qu'ils le pourraient, et paralyseraient ainsi
l'action du gouvernement. On doit d'ailleurs cette
justice aux partis qui divisent actuellement la France,
que tous sont unis dans le désir de conserver l'inté-
grité du territoire, et de repousser toute domination
de l'étranger.

Avant que d'examiner la question sous le point
de vue militaire, je dois rappeler ce que j'ai dit de
l'impossibilité d'approvisionner une telle ville que
Paris ; mais je supposerai que cela soit possible,
sans quoi il serait inutile de me livrer à cet examen.
Je rappellerai également ce que j'ai dit des exemples
à citer qui doivent être tirés des campagnes de 1805,
1807, 1809 et 1815, et non de celle de 1814. J'ajou-
terai, relativement à la garde nationale de Paris, que
je ne saurais accorder qu'elle puisse être employée à
la défense des remparts, ainsi que l'ont prétendu
quelques-unes des personnes qui ont soutenu l'opinion qu'il serait utile de fortifier Paris, encore

moins qu'elle pût expulser un ennemi qui aurait forcé l'enceinte de cette capitale.

Il me paraît inouï que l'on ait osé citer, pour justifier cette opinion, les hauts faits des garnisons de Crémone, en 1702, et de Berg-op-Zoom, en 1814. Quelle comparaison peut-on établir entre de telles garnisons, composées de troupes aguerries, et une garde urbaine composée en grande partie de pères de famille ayant un commerce et une industrie, dont la plupart sont d'ailleurs impropres à supporter les fatigues de la guerre. Paris est une ville essentiellement commerçante et industrielle; on peut donc compter sur sa garde nationale pour maintenir l'ordre dans l'intérieur de la ville, parce qu'elle y est personnellement intéressée, et que, pendant ce service, les gardes nationaux ne perdent pour ainsi dire point de vue leurs foyers; mais voilà tout.

Je pense que l'on pourrait dans certaines circonstances organiser des bataillons d'ouvriers commandés par d'anciens militaires, et qu'ils seraient propres à la défense des remparts; mais il serait difficile d'y maintenir la discipline, il faudrait les solder et les entretenir, et ils coûteraient plus que des bataillons de troupes de ligne; on ne tirerait donc pas un grand avantage de cette mesure.

Si Paris est fortifié il faudra, aussitôt que la guerre deviendra imminente, l'approvisionner en vivres, en munitions et en matériel de guerre pour que cette place puisse soutenir un siége; car, ainsi que le prouvent les exemples que j'ai cités, on peut voir paraître l'ennemi sous ses murs quelques semaines après le commencement des hostilités. Il faudra aussi y entretenir une garnison ; je sais qu'on la composera de dépôts de régimens, mais les troupes de l'artillerie et du génie qui feront partie de cette garnison devront pourtant être capables d'exécuter les travaux qui les concernent, pour pouvoir mettre la place en état de soutenir un siége. Quoi que l'on puisse faire, une place qui exige autant de garnison que vingt des places de la frontière d'une dimension moyenne, causera nécessairement une diminution dans l'armée active ; car enfin, si Paris n'était point une place forte, sa garnison serait répartie dans les autres places et l'on pourrait par conséquent disposer d'une certaine quantité de troupes que l'on réunirait à l'armée active et de soldats que l'on incorporerait dans les troupes de cette armée.

On voit que la création de cette immense place forte augmenterait les graves inconvéniens qui résultent pour la France d'avoir tant de places fortes (dont une partie sont plus nuisibles qu'utiles) agglomérées sur la frontière du Nord.

Ainsi, pour fortifier Paris, il en coûterait des sommes énormes, peut-être triples de celles auxquelles on les a évaluées ; l'approvisionnement de la garnison et des habitans de cette place présenterait de telles difficultés qu'on peut le considérer